WERNER OGRIS

Der Entwicklungsgang der
österreichischen Privatrechtswissenschaft im 19. Jahrhundert

SCHRIFTENREIHE
DER JURISTISCHEN GESELLSCHAFT e.V.
BERLIN

Heft 32

Berlin 1968

WALTER DE GRUYTER & CO.

vormals G. J. Göschen'sche Verlagshandlung · J. Guttentag, Verlagsbuchhandlung
Georg Reimer · Karl J. Trübner · Veit & Comp.

Der Entwicklungsgang der österreichischen Privatrechtswissenschaft im 19. Jahrhundert.

Von

Dr. Werner Ogris
Professor der Rechte an der Universität Wien

Vortrag
gehalten vor der
Berliner Juristischen Gesellschaft
am 13. Dezember 1967

Berlin 1968

WALTER DE GRUYTER & CO.
vormals G. J. Göschen'sche Verlagshandlung · J. Guttentag, Verlagsbuchhandlung
Georg Reimer · Karl J. Trübner · Veit & Comp.

Archiv-Nr. 27 27 68/3

Satz und Druck: ✦ Saladruck, Berlin 36

I. Von den Anfängen unter Maria Theresia bis zum ABGB

Gemessen an dem ehrwürdigen Alter der europäischen Rechtswissenschaft ist die österreichische Jurisprudenz noch sehr jung. Wenn es hoch kommt, so kann man ihr jetzt gerade etwa 200 Jahre zubilligen, mehr nicht. Denn bis in die zweite Hälfte des 18. Jahrhunderts hinein hatte es eine eigenständige österreichische Rechtswissenschaft und somit eine österreichische Zivilrechtswissenschaft nicht gegeben. Vielmehr standen noch in den ersten Regierungsjahren Maria Theresias die Rechtsfakultäten in den habsburgischen Ländern in enger Gemeinschaft mit ihren deutschen Schwesterfakultäten, von denen sie sich weder im organisatorisch-fachlichen Bereich noch in den Studienplänen oder in der Unterrichtsmethode wesentlich unterschieden. Gemeinsam war allen Rechtsfakultäten im Reich ferner nicht nur das Latein als universelle Gelehrtensprache, sondern auch der Forschungs- und Lehrgegenstand: Auf der Basis der gemeineuropäischen Rechtswissenschaft hatte sich die gemeindeutsche Rechtswissenschaft seit dem 16. Jahrhundert ein einheitliches Lehrgebäude gezimmert, das ursprünglich lediglich auf den traditionellen Lehrfächern des europäischen *jus commune*, dem römischen Recht und dem Kirchenrecht, beruhte und erst allmählich seit der zweiten Hälfte des 17. Jahrhunderts durch das Naturrecht, das Vernunftrecht der Aufklärung, eine neue Fundierung erhielt. Für das in den einzelnen deutschen und habsburgischen Territorien tatsächlich geltende Recht, den Landsbrauch, war in diesem Lehrgebäude kein Platz; erst beim Eintritt in die Praxis konnte sich der auf der Universität ausschließlich am gemeinen Recht geschulte Jurist mit dem partikulären Recht vertraut machen.

Es liegt auf der Hand, daß dieser die einheimischen Lokalrechte wie eine Kuppel überspannende Bau der gemeindeutschen Rechtswissenschaft in dem Augenblick Risse und Sprünge erhalten mußte, in dem der um eine moderne Gestalt ringende Obrigkeitsstaat mit einem umfassenden Reformprogramm auf den Plan trat und einen ungeheuren Bedarf an praktisch geschulten und des einheimischen Rechts kundigen Juristen anmeldete, deren er zur Bewältigung der vor ihm stehenden Aufgaben bedurfte. Dabei zeigte sich rasch, daß das traditionelle Lehr- und Studiensystem keineswegs in der Lage war, den aufsteigenden Anstalts- und Beamtenstaat mit der nötigen Anzahl solide ausgebildeter und den Bedürfnissen der Praxis gerecht werdender Staatsdiener zu versorgen. Allenthalben in den deutschen Ländern erhob sich daher gleichzeitig mit dem Ruf nach Reform der Staatsverwaltung die Forderung nach einer Neuordnung der Juristenausbildung, durch die der Verwahrlosung der Studenten ein Ende gesetzt, der Vorliebe der Professoren für endlose Kontroversen eine Schranke gezogen und dem Staat das dringend benötigte Beamtenmaterial zugeführt werden sollte.

Für Österreich wurde die Reform des juridischen Ausbildungswesens zu einem akuten Problem, als nach der Regierungsübernahme durch Maria Theresia ganz Europa unter die Waffen trat, um einen Happen des habsburgischen Erbes zu ergattern. Vor allem die Niederlage gegen Preußen und der Verlust Schlesiens waren es, die Maria Theresia und ihren Beratern eindringlich die Notwendigkeit einer tiefgreifenden Staats- und Verwaltungsreform vor Augen führten, durch welche die rund zwanzig damals in habsburgischer Hand vereinigten Länder mit zum Teil noch ausgesprochen mittelalterlicher Struktur zu einer staatlichen Einheit höherer Ordnung zusammengeschlossen werden sollten. Daß für diese Reform, die alle Bereiche des staatlichen Lebens erfaßte, das vorhandene Beamtenmaterial weder qualitäts- noch quantitätsmäßig ausreichte, war den Baumeistern des modernen Österreichs von allem Anfang an klar. Deshalb wurden 1753 auch die Rechtsfakultäten und der juridische Studienplan einer radikalen Verjüngungskur unterzogen, die unter anderem die Beseitigung der bis dahin üblichen Lernfreiheit zu Gunsten eines schulmäßig gebundenen Unterrichtssystems und die Einführung eines zweiten Studienganges brachte, der – frei von allem wissenschaftlichen Ballast – lediglich der Ausbildung von Schmalspurjuristen für rein praktische Zwecke zu dienen hatte. Hand in Hand mit der Studienreform ging eine entscheidende Umgestaltung des traditionellen Lehrgebäudes. Die Weitschweifigkeit und Weltfremdheit barocker Kontroversen sollte vermieden und der Wissensstoff in knapper Form vermittelt werden. Dabei galt es, den Zwiespalt zwischen gemeinem

Recht und Landsbrauch zu überbrücken; der Student sollte schon auf der Universität mit den in der Praxis der österreichischen Länder geltenden Rechten vertraut gemacht werden.

Vor allem aber hatte das Studium die Weltanschauung der jungen Juristen zu prägen, und zwar ganz bewußt im Sinne einer österreichischen Nationalerziehung. Daß bei dieser Zielsetzung an die Gewährung der Lehrfreiheit nicht zu denken war, liegt auf der Hand. Im Gegenteil: Man unterstellte die Professoren der Aufsicht staatlicher Studiendirektoren und schrieb ihnen bestimmte Bücher als Vorlesungs-, ja im wahrsten Sinne des Wortes als *Vorlese*bücher vor, von denen sie beim Unterricht nicht abweichen durften. Dabei ergab sich freilich die Schwierigkeit, daß es derartige Lehrbehelfe, die den neuen Anforderungen entsprochen hätten, nicht gab und im Hinblick auf das bis dahin praktizierte Studiensystem auch gar nicht geben konnte. So trug man den Professoren, von denen übrigens viele erst in einem Schnellverfahren aus dem katholischen Deutschland berufen werden mußten, in besonderen Instruktionen auf, neue Lehrbücher zu verfassen, in denen das einheimische Recht stärker als vorher Berücksichtigung fand. Diese oft in Eile und ziemlich krampfhaft zusammengeschriebenen Werke sind heute längst verschollen. Aber in ihnen kündigte sich bereits das Werden einer eigenständigen, von der gemeindeutschen losgelösten österreichischen Rechtswissenschaft an.

In vielfacher Wechselwirkung mit der Idee der österreichischen Nationalerziehung ging seit der Mitte des 18. Jahrhunderts das Bestreben, das österreichische Recht zu kodifizieren. Hinter diesem Unterfangen stand – nicht anders als etwa in Preußen – zunächst einmal der unbedingte Glaube des Aufklärungszeitalters an die Existenz eines natürlichen, auf die Vernunft gegründeten Rechts, das als Richtschnur für die Gestaltung des positiven Rechts zu gelten habe. Während aber der absolute Geltungsanspruch des älteren Naturrechts seiner Kodifizierung entgegengestanden war, hatte sich das jüngere Naturrecht der „Beschaffenheit" des jeweiligen Landes angepaßt und dadurch eine weitgehende Versöhnung mit dem positiven Recht vollzogen. Nun konnte es sich auch mit dem ausgeprägten Gestaltungswillen des absoluten Gesetzgebers der Aufklärungszeit verbünden, der die Idee der Kodifikation nur allzu bereitwillig seinen politischen Zielen nutzbar zu machen suchte – als da waren: Schaffung von Rechtseinheit und Rechtssicherheit und überhaupt Neugestaltung des gesellschaftlichen und wirtschaftlichen Lebens seiner Untertanen.

Das Allgemeine Bürgerliche Gesetzbuch, das schließlich nach einer langen und dornenvollen Kodifikationsgeschichte am 1. Juni 1811 verkündet und mit Wirkung vom 1. Januar 1812 in Kraft gesetzt wurde, ist allen diesen Forderungen seiner Zeit durchaus gerecht geworden, vielleicht sogar in einem hervorragenden Maße. Uns aber interessieren hier weniger die Vor- oder Nachteile des Gesetzbuches als vielmehr jene Männer, die ihre Fähigkeiten in seinen Dienst gestellt hatten, sei es, daß sie an seiner Entstehung mittel- oder unmittelbar mitgewirkt, sei es, daß sie das Gesetzbuch bei seinen ersten Schritten in die Praxis hinaus begleitet hatten. Ihr Wirken, das also etwa in die Zeit von 1780—1820 fällt, gab *der ersten Epoche der österreichischen Privatrechtswissenschaft* das Gepräge.

Die Juristen, die dieser ersten Epoche angehörten, waren ihrer Geisteshaltung nach unverkennbar Söhne der Aufklärung, und zwar in ihrer spezifisch österreichischen Spielart, dem Josefinismus, in dem die Ideen der Aufklärung mit der katholischen Tradition Habsburgs ein weltanschauliches Kompromiß eingegangen waren. Was ihre fachlichen Fähigkeiten anlangt, so standen sie durchaus auf der Höhe des Wissens ihrer Zeit. Selbstverständlich waren ihnen das römisch-gemeine Recht und das Kirchenrecht mit allen ihren Problemen und Kontroversen vertraut, und ebenso selbstverständlich reichte ihr geistiger Horizont weit über die Grenzen Österreichs hinaus. Das einheimische Recht kannten viele von ihnen aus eigener Anschauung, da sie vor ihrer Berufung auf Professuren oder in hohe Staatsämter in der Praxis tätig gewesen waren. In erster Linie aber waren sie alle, *Martini, Zeiller, Sonnenfels, Pratobevera* und die anderen, Anhänger des Naturrechts; allerdings eines Naturrechts, das um die Jahrhundertwende schon durch das Fegefeuer kantischer Kritik gegangen und dadurch von einer logischen und unnachgiebigen Vernunftlehre zu einem metaphysischen Rechtssystem geworden war, das mit seinen elastischen Allgemeinsätzen noch Raum für die empirische Mannigfaltigkeit der Fälle bot. So stellte das ABGB eine Synthese verschiedener Elemente dar, die jedoch von seinen Verfassern als gleichrangig und gleichwertig angesehen wurden. Es gab keinen Vorrang des römischen

Rechts vor den anderen Materien, wie man später behauptete;
und auch das Naturrecht genoß keinen Vorrang, wenn auch
allenthalben im Gesetzbuch Vernunft und Billigkeit durch-
schimmern.

II. Die exegetische Schule

Verkörperte das ABGB somit einen Triumph höchster prak-
tischer Rechtskultur, so stand es doch – wie alle großen Kodifikationen – nicht am Anfang, sondern am Ende einer geistes-
geschichtlichen Entwicklung. Die folgende Generation brachte
dann jenen Rückschlag, jene Erschöpfung der geistigen Kräfte,
die einer Kodifikation zu folgen pflegen und die sich meist in
einer kritiklosen Hinnahme des Gesetzes, in einer Geringschät-
zung der wissenschaftlichen Arbeit und nicht selten in einer geistigen Isolierung äußern. Das war freilich keine austriazistische
Besonderheit. Die österreichische Rechtswissenschaft teilte hierin
das Schicksal ihrer Schwesterwissenschaften in Frankreich und
in Preußen, die ebenfalls dem übersteigerten Geltungsanspruch
ihrer Kodifikationen Tribut in Form eines Dienstes am Geset-
zesbuchstaben zu leisten hatten. In Österreich aber erfuhr diese
Tendenz, die an sich schon die Gefahr eines Absinkens der
Rechtswissenschaft zur bloßen Gesetzeskenntnis und einer Ab-
kapselung gegenüber dem Ausland in sich barg, unter dem
Druck der politischen Verhältnisse im Vormärz eine besondere
Note und Verschärfung.

Hatte schon der Abschluß der Kodifikation des Straf- und
Strafprozeßrechts im Jahre 1803 die Möglichkeit erkennen
lassen, das gemeine Recht ganz auszuschalten, so wurde der Ruf
nach einer eigenständigen österreichischen Rechtswissenschaft un-
überhörbar, als das in den letzten Jahrhunderten seines Bestan-
des zur bloßen Form erstarrte Heilige Römische Reich unter den
Schlägen Napoleons zerbrach. Nunmehr war auch das letzte
äußere Bindeglied, das die seit 1804 zum Kaiserreich Österreich
vereinigten habsburgischen Länder mit den anderen deutschen
Ländern verbunden hatte, zerrissen. Aus dieser Situation heraus
ist es verständlich, daß sich kurz vor Abschluß der Kodifikations-
arbeiten am ABGB in Österreich eine Reformrichtung durch-
setzte, die einer vollständigen Abkehr von der gemeindeutschen

Jurisprudenz das Wort redete. Mit dem Hinweis auf die besondere Lage der Universitäten in einem Großstaate wies diese Reformrichtung alle Versuche ihrer Gegner ab, die österreichischen Hohen Schulen nach deutschem Vorbild etwa im Sinne eines „katholischen Göttingen" zu reformieren. Ihren konsequenten Niederschlag fand diese ihrem Grunde nach noch immer josephinische Geistesrichtung in der juridischen Studienordnung von 1810, deren Grundzüge sich folgendermaßen zusammenfassen lassen: Beibehaltung des schulmäßig gebundenen Unterrichtssystems; Preisgabe der Zweiteilung des Studiums in einen niederen praktischen und in einen höheren wissenschaftlichen Zweig; vielmehr Ausrichtung des Studiums auf rein praktische Zwecke mit dem einzigen Ziel, die einheimischen Gesetze zu erklären und das richtige Verständnis für ihre Anwendung zu vermitteln. Ferner: Alle historischen Fächer, die nicht unmittelbar diesem Bildungsideal entsprachen, wurden abgeschafft oder doch entscheidend reduziert. Vor allem glaubte man — schon im Hinblick auf die kurz vorher erfolgte Auflösung des alten Reiches —, auf das sogenannte Deutsche Recht, also auf die Deutsche Reichs- und Rechtsgeschichte sowie auf das Deutsche Privatrecht, verzichten zu können. Auch das Kirchenrecht und das römische Recht mußten Haare lassen; letzteres wurde ausdrücklich nur deshalb beibehalten, weil man auch nach Erlaß des ABGB damit rechnen mußte, daß es für die Lösung einzelner Fälle nötig sein würde. Durch das Ausmerzen der historischen Fächer war Platz geschaffen worden für jenes Fach, das Ausgangs-, Mittel- und Endpunkt des ganzen juristischen Studiums werden sollte: das Naturrecht. Die überragende Stellung des Naturrechts wird sofort verständlich, wenn man sich vor Augen hält, daß nach zeitgenössischer Auffassung die Kodifikation im wesentlichen nichts anderes war als die in Paragraphen gegossene Vernunft und daß daher das Naturrecht als das Vernunftrecht der Aufklärung schlechterdings als die beste Vorschule zum Studium des Gesetzes erscheinen mußte. Überdies erhoffte man sich vom Naturrecht, der Rechtsphilosophie, eine Erziehung und Formung der jungen Juristen im Sinne des vormärzlichen Regimes.

Durch diese im josephinischen Geist erwachsene, dem Ideal der österreichischen Nationalerziehung verpflichtete, jeder wissenschaftlichen und historischen Ausbildung abholde, die Philosophie in Form des Naturrechts anbetende Studienordnung ist das Jahr 1810 zu einem Schicksalsjahr der österreichischen Rechtswissenschaft geworden. Denn diese trat nunmehr in einen bewußten und scharfen Gegensatz zur deutschen Rechtswissenschaft außerhalb Österreichs, die unter der Führung Preußens einen entgegengesetzten Weg einschlug. Dort verdichteten sich der aufstrebende Staatsbürgersinn, die Idee der Kulturerneuerung im Zeichen des Humanismus und des Historismus sowie die idealistische Philosophie zu einem neuen Bildungsideal, das in der Berliner Universitätsgründung von 1810 klar und folgerichtig Gestalt gewann. Auch in der Rechtswissenschaft ging man unter dem bestimmenden Einfluß Friedrich Carl *von Savignys* neue Wege. Das alternde, eher schon überalterte Naturrecht wurde verworfen und das darauf gegründete, dem Geiste des friederizianischen Staates verbundene Allgemeine Landrecht — wenigstens zunächst — von der Wissenschaft verächtlich zur Seite geschoben. Stattdessen hielt man, schon um sich nicht geistig vom übrigen Deutschland zu isolieren, am gemeinen Recht fest. Dies war die Grundlage, von der aus die historische Schule ihren Siegeszug antreten und die deutsche Rechtswissenschaft einer ungeahnten Blüte zuführen konnte.

An dieser lebhaften geistigen Bewegung der ersten Hälfte des 19. Jahrhunderts aber hatte Österreich keinen Anteil. Im Gegenteil: Es ist dies für Österreich eine Zeit geographischer und historischer Abgeschlossenheit, in der man über der Gegenwart die Vergangenheit und die Zukunft vergaß. Zwangsläufig erfaßte die unter dem *Metternich*schen Polizeisystem auf allen Gebieten des gesellschaftlichen Lebens einsetzende Erstarrung auch die Zivilrechtswissenschaft. Zwar wirkten hier noch bis etwa 1820 Männer, die — wie *Zeiller, Pratobevera, Schuster, Dolliner,* zum Teil auch *Wagner* und *Scheidlein* – an der Entstehung des ABGB mitgewirkt oder wenigstens noch in dieser Zeit ihre sie prägende Ausbildung erhalten hatten und deren Leistungen selbst *Unger* später seine Anerkennung nicht versagen konnte. Dann aber, als die letzten Funken des Naturrechts verglommen, machte sich ein Epigonentum breit, dessen Horizont weder in räumlicher noch in historischer Hinsicht über den Gesetzestext hinausreichte. Das Gesetz erschien ihm als etwas Vollkommenes, als etwas Unfehlbares, als etwas, das jeder Kritik entzogen war; kurz: als das Alpha und Omega jeder juristischen Betätigung. Man vergaß die historischen Zusammenhänge, aus denen das Gesetzbuch erwachsen war, und ein Zurückgehen auf ältere Quellen sah man als nutzloses, ja als bedenkliches Unterfangen an. So wurde die Rechtswissenschaft zur bloßen Gesetzeskenntnis, die den Paragraphen nach allen Richtungen hin wendete und drehte, um ihm eine Lösung abzugewinnen. Es war die exegetische Methode in einer höchst einseitigen Ausprägung, die besonders im vierten Jahrzehnt des vorigen Jahrhunderts zu nahezu ausschließlicher Herrschaft gelangte und der *zweiten Periode der österreichischen Privatrechtswissenschaft*, die wir von etwa 1820–1850 rechnen können, den Namen gab.

Es fällt nicht ganz leicht, diese exegetische Schule gerecht zu beurteilen. Während sie von der unmittelbar darauffolgenden Juristengeneration als unwissenschaftlich und engstirnig verdammt wurde, haben wir heute etwas mehr Abstand gewonnen, der uns zu einem maßvolleren Urteil befähigt. Dies gilt vor allem in Bezug auf die Praxis. Besonders die Oberste Justizstelle hat ihren Entscheidungen oft und oft Erwägungen der Vernunft und der Billigkeit zu Grunde gelegt und ist auf diese Weise der Gefahr entgangen, dem Rechtsgefühl ins Gesicht schlagende Entscheidungen zu fällen, wie sie bei doktrinärer Buchstabenauslegung so leicht vorkommen können. Wesentlich ungünstiger wird man freilich die wissenschaftlichen Leistungen dieser Epoche zu würdigen haben. So hat sie z. B. kaum eine nennenswerte Monographie hervorgebracht; und auch die Hauptwerke jener Zeit, die Kommentare von *Nippel*[1] und von *Winiwarter*[2], haben *Zeillers*[3] Kommentar nur verbreitet, nicht aber vertieft und stellten daher ebenfalls keine eigenständigen Leistungen dar. Doch wird man gerechterweise zugeben müssen, daß dieser Stillstand jeder wissenschaftlichen Tätigkeit nicht nur auf den Mangel an Talenten, sondern mindestens ebensosehr auf die lähmenden Auswirkungen der politischen und gesellschaftlichen Verhältnisse im vormärzlichen Österreich zurückzuführen ist.

---

[1] *F. X. Nippel*, Erläuterung des allgemeinen bürgerlichen Gesetzbuches, 9 Bde., Graz 1830—1838.

[2] *J. Winiwarter*, Das österreichische bürgerliche Recht systematisch dargestellt und erläutert, 5 Bde., 1. und 2. Aufl., Wien 1831—1846.

[3] *F. Zeiller*, Commentar über das allgemeine bürgerliche Gesetzbuch, 4 Bde., Wien und Triest 1811—1813.

Während die Universität *Humboldt*'scher Prägung in Deutschland eine Schule der Kunst des wissenschaftlichen Verstandesge-
brauchs war, aus welcher der humanistisch gebildete und wissen-
schaftlich ausgebildete, dem kantischen Pflichtbegriff verschwo-
rene Staatsdiener hervorgehen sollte, sah die österreichische Studienordnung von 1810 ihr erklärtes Ziel darin, dem Juristen
lediglich *das* Rüstzeug mitzugeben, das er für seine zukünftige
praktische Tätigkeit insbesondere als Staatsbeamter brauchte.
Sie unterdrückte jede selbständige Geistesregung, und wenn sie
etwas förderte, dann höchstens die Mediokrität. Das Mittelmaß
triumphierte auch bei den — übrigens sehr schlecht bezahlten —
Professoren, bei deren Berufung in erster Linie nicht die wissenschaftliche Qualifikation, sondern vielmehr die weltanschau-
lich-politische Zuverlässigkeit den Ausschlag gab. Daß bei diesem System Ausländer, von denen eine Belebung des wissenschaftlichen Klimas hätte ausgehen können, keine Chancen hatten, liegt auf der Hand.

Der später gegen die österreichische Jurisprudenz erhobene
Vorwurf, sie sei im Vormärz in einen „Zustand des juridischen
Schlafes" gefallen[4], ist daher nicht unberechtigt.

III. Die historische Schule

Das Sturmjahr 1848 bereitete dieser vormärzlichen Idylle ein
abruptes Ende. Die Revolution hatte die Studenten an der
Spitze des Aufstandes gesehen und damit die völlige Unfähig-
keit des vormärzlichen Studiensystems demonstriert, der jungen
Juristengeneration eine konservative Gesinnung einzurichten.
Ja im Gegenteil, es schien, als hätten das Naturrecht und die
Rechtsphilosophie die studierende Jugend in ihren liberalen und
revolutionären Ideen nur noch bestärkt. Eine tiefgreifende
Neuorientierung des ganzen Studiensystems war somit zu einer
politischen Notwendigkeit geworden. Die Frage war nur, auf
welchem Wege diese Erneuerung erfolgen sollte: ob auf der
eigenständigen Grundlage der bisherigen österreichischen Tradition oder in radikaler Abkehr von dieser durch Nachahmung

---

[4] So *Thun* in seiner unten Anm. 5 zitierten Rede.

des deutschen Modells. Diese Fragestellung ist nicht neu, sie hatte schon zu Maria Theresias und Franz von Zeillers Zeiten die Gemüter erhitzt. Während sie aber 1753 und 1810 im Sinne der österreichischen Nationalerziehung entschieden wurde, trugen diesmal die Anhänger einer „Öffnung nach Deutschland" unter der Führung des Unterrichtsministers Graf Leo *Thun-Hohenstein* den Sieg davon.

Graf *Thun* war ein leidenschaftlicher Gegner des Naturrechts, dessen „hohlen Frasen" er die Schuld an der revolutionären und liberalen Gesinnung der österreichischen Juristen anlastete. Mit Hilfe einer profunden historischen Ausbildung wollte er die junge österreichische Intelligenz wieder zu einer katholisch-konservativen Denkungsart bekehren. Deshalb hatte das Naturrecht zu fallen; an seine Stelle im Rechtsunterricht sollten die rechtshistorischen Disziplinen treten. Außer einem heilsamen Einfluß auf die durch das Naturrecht in die Irre geführte Studentenschaft erwartete sich *Thun* von der Hinwendung zum Historismus aber auch eine Wiederbelebung der österreichischen Rechtswissenschaft, der er mit harten Worten methodische Einseitigkeit und blinden Gesetzesgehorsam vorwarf.

Das Programm des Ministers, dessen wichtigsten Punkten er persönlich in einer aufsehen-, teils sogar entsetzenerregenden Rede im Jahre 1852 Ausdruck verlieh[5], war also — kurz gefaßt — folgendes: 1. Es sollte die Gesamtmonarchie in den Bereich des gemeinen Rechts der deutschen Rechtswissenschaft eingegliedert werden. Das hieß 2., daß das ABGB ebenso wie etwa das ALR in Hinkunft nach der Methode der zur Zeit in Deutschland herrschenden historischen Schule und der Pandektenwissenschaft zu behandeln war. Daraus folgte 3. eine bewußte Abkehr vom Naturrecht und eine ebenso bewußte Hinwendung zur Historie, insbesondere zur Rechtshistorie. Und 4. war dieses Programm zu ergänzen durch eine durchgreifende Neugestaltung des Jusstudiums, die sich am deutschen, besonders am preußischen Vorbild zu orientieren hatte: also Preisgabe des alten gebundenen Unterrichtssystems des Vormärzes zu Gunsten der von Deutschland importierten Lehr- und Lernfreiheit. Konsequent durchgeführt bedeutete dieses Programm nichts anderes

---

[5] Anläßlich der Sub-auspiciis-Imperatoris-Promotion eines Juristen am 11. 5. 1852. Die Rede ist abgedruckt bei *Lentze*, Universitätsreform (s. die Literaturübersicht im Anhang I), Anhang III, S. 304 ff.

als das Ende der in der theresianisch-josefinischen Zeit begründeten eigenständigen österreichischen Rechtswissenschaft und ihre Vereinigung — oder besser: Wiedervereinigung mit der gemeindeutschen Jurisprudenz.

Wie nicht anders zu erwarten stieß dieses Reformprogramm bei allen Anhängern der traditionellen Rechtskultur, aus welchen politischen und weltanschaulichen Lagern auch immer sie sonst kamen, auf erbitterten Widerstand. Vor allem die hohen Bürokraten, die nach dem vormärzlichen juristischen Studienplan ausgebildet waren, fühlten sich dazu berufen, in die *Thun*sche Reformsuppe zu spucken. Erst als es *Thun* gelang, den jungen Kaiser Franz Joseph für seine Pläne zu gewinnen, hatte der Minister freie Hand für seine Politik. Sie brachte zwar nicht die volle Verwirklichung der Lehr- und Lernfreiheit, deren vorübergehende Einführung 1848/1849 die an den schulmäßigen Betrieb gewohnten Studenten und Professoren gleichermaßen in völlige Hilf- und Ratlosigkeit gestürzt hatte, sie brachte aber immerhin einen freieren, nach Studienabschnitten gegliederten Studiengang, der im wesentlichen noch heute in Österreich in Geltung ist. Der erste Studienabschnitt war den historischen Fächern, also dem römischen Recht, dem Kirchenrecht und dem deutschen Recht mit seinen Nebenfächern, vorbehalten, die als rechtsvergleichende Einführung in das gemeine Recht und als weltanschauliches Schulungsmittel dienen sollten; das geltende Recht, besonders das Zivilrecht des ABGB, lernte der Student erst im zweiten Abschnitt kennen.

Während *Thun* bei der Besetzung der rechtshistorischen Lehrkanzeln weitgehend auf Berufungen aus Deutschland angewiesen war, fand er bekanntlich für die Reform der Privatrechtswissenschaft einen kongenialen einheimischen Helfer in Josef *Unger*, dessen Name ja auch außerhalb Österreichs einen guten Klang hat. Es ist vielleicht ganz interessant, hier ein paar Worte über *Ungers* Werdegang zu sagen, weil er bezeichnend für die österreichischen Verhältnisse der fünfziger Jahre des vorigen Jahrhunderts ist. An und für sich war nämlich *Unger* nach den damaligen Verhältnissen keineswegs universitätsfähig. Als Jude hatte er von vornherein gegen zwei Fronten zu kämpfen: Die eine war die der christlichen Judengegner, die andere die der jüdischen Gegner jeder Assimilierung. Außerdem hatte er in seinem 1850 erschienenen Werk „Die Ehe in ihrer welthistori-

schen Entwicklung. Ein Beitrag zur Philosophie der Geschichte",
das ein Gegenstück zu dem bekannten Buch von Eduard *Gans*
über das „Erbrecht in weltgeschichtlicher Entwickelung",
4 Bde., Stuttgart u. Tübingen 1824—1835, darstellte, unmiß-
verständlich hegelianische Ideen geäußert, was bei der unter
Thun einsetzenden Verfolgung des Hegelianismus nicht gerade
eine Empfehlung bedeutete. Und schließlich hatte sich, um das
Maß vollzumachen, *Unger* an der revolutionären Bewegung
des Jahres 1848 aktiv beteiligt. Auch dies also ein Stück Lebens-
geschichte, das der gerade mit Vehemenz einsetzende Neuabso-
lutismus nur schwer verdauen konnte. Trotzdem hat *Thun* mit
seinem feinen Gefühl für junge Talente *Unger* zu seinem Pro-
tektionskind erhoben und über dessen revolutionäre Jugend-
streiche und hegelianische Ketzereien großzügig hinwegge-
sehen, sobald er sicher war, daß er *Unger* vollständig für seine
Politik gewonnen hatte. Als schließlich noch das mosaische Hindernis durch den Übertritt zum Katholizismus beseitigt war,
konnte *Ungers* glanzvolle Karriere beginnen, die ihn zu einem
Vorkämpfer des wissenschaftlichen Positivismus und zum Er-
neuerer der Zivilrechtswissenschaft in Österreich im Geiste der
Pandektistik und damit zum Begründer einer neuen, *der dritten,*
Periode der österreichischen Privatrechtswissenschaft gemacht
hat.

Mit Feuereifer ging *Unger* nun ans Werk, das neue Programm
in der Praxis durchzusetzen, und da er, allen Unkenrufen zum
Trotz, bald zahlreiche Jünger und Anhänger fand, gelang der
neuen Schule schon zu Beginn der sechziger Jahre der entscheidende Durchbruch. Die Konsequenzen dieses Sieges waren
schwerwiegend. Entsprechend dem Programm *Thuns* und *Ungers*
war das österreichische Recht nunmehr nach den in Deutschland
geltenden gemeinrechtlichen Grundsätzen zu behandeln. Das
aber bedeutete: Übernahme der Methode der historischen
Rechtsschule oder vielmehr — wir sind ja schon in der zweiten
Hälfte des 19. Jahrhunderts — der Lehren und Ergebnisse der
pandektistischen Begriffsjurisprudenz. Mit deren methodischem
Rüstzeug, das gerade auf dem Sektor des Zivilrechts weniger in
einem echten Historismus als vielmehr in einer systematisch-
dogmatischen Betrachtungsweise bestand, gingen nun *Unger* und
seine Schüler an das österreichische Recht heran und auf die bis-
herige österreichische exegetische Schule los. In scharfer Polemik

geißelten sie die geistlose Methode des „Pointierens und Piquie-
rens", die Ungeschicklichkeit der Begriffserklärungen, die Ver-
götzung des Gesetzesbuchstabens und was dergleichen Schmei-
cheleien mehr waren. Daß sie dabei im Ton und in der Sache
oft über das Ziel hinausschossen, wurde schon angedeutet, findet
aber seine Erklärung in dem allzumenschlichen Stolz *Ungers*
und seiner Schüler, einer Gelehrtengeneration anzugehören, die
in Methode und Wissen den Anschluß an die damals in der
Welt führende gemeindeutsche Rechtswissenschaft gefunden
hatte und sich gemeinsam mit dieser zur Gestaltung des liberalen Rechtsstaates berufen fühlte.

Aber nicht nur die vormärzlichen Exegetiker, auch das ABGB
wurde nun unbarmherzig vor das Forum der Pandektenwissenschaft gezogen und nach deren Maßstäben und Kriterien beurteilt. Kein Wunder, daß das vom Geist des Naturrechts durch-
wehte Gesetzbuch diese Prüfung nicht bestand. Gemessen an den
Errungenschaften der Pandektenwissenschaft erschien es gerade-
zu als Hindernis des Fortschritts und als Hemmschuh der Entwicklung, als ein aus der Zeit des Naturrechts herüberragendes
Relikt, das den wissenschaftlichen Anforderungen der neuen
Zeit in keiner Weise mehr entsprach. Selbst der doch gewiß
nicht gut gelungene Entwurf des sächsischen BGB mußte dazu
herhalten, um die Rückständigkeit des ABGB und seiner bisherigen Behandlung durch die österreichischen Zivilisten zu
demonstrieren[6]. Den einzigen Ausweg aus dieser Misere sah
Unger in der Revision des Gesetzbuches, die allerdings, obzwar
überaus dringlich, erst in Angriff genommen werden könne,
„wenn kritische Arbeiten die schadhaften Punkte des bürgerlichen Gesetzbuches mit Schärfe und Entschiedenheit angegeben
und dadurch in weiteren Kreisen das Bedürfnis einer Revision
hervorgerufen haben werden"[7]. Als Fern- und Hochziel der

---

[6] In seiner Schrift „Der revidirte Entwurf eines bürgerlichen Gesetzbuches für das Königreich Sachsen", Leipzig 1861, S. 5 f., gibt *Unger* selbst
zu, daß er den ursprünglichen Entwurf nur deshalb so gut besprochen
habe („Entwurf eines bürgerlichen Gesetzbuches für das Königreich Sachsen
mit besonderer Rücksicht auf das österreichische allgemeine bürgerliche
Gesetzbuch", Wien 1853), weil dieser vom Standpunkt der wissenschaftlichen Kritik am ABGB und „dem der österreichischen Rechtsliteratur aus
immerhin als ein erheblicher Fortschritt" erschien.
[7] In dem im Literaturverzeichnis (unten im Anhang I) angeführten Aufsatz *Ungers* „Über den Entwicklungsgang", S. 649.

14

Wissenschaft vom gemeinen Recht hatte *Unger* aber freilich
nicht nur die Revision des ABGB und der anderen Partikular-
gesetzbücher, sondern die Schaffung eines gesamtdeutschen Zivil-
gesetzbuches vor Augen, das den Anforderungen der Wissenschaft vollkommen entsprechen würde.

Vorerst freilich mußte sich die neue Schule damit begnügen,
„die Wiederanknüpfung des partikularrechtlichen Stoffes an das
gemeine Recht mit Geschick einzuleiten", gleichzeitig eine
„Menge falscher und halbwahrer Begriffe" aus der österreichischen Zivilistik zu entfernen und deren Grundbegriffe einer
gründlichen Revision zu unterziehen[8]. Zu diesem Zweck sollten
nach allen Seiten hin die Schranken aufgehoben und die Schleu-
sen geöffnet werden, um — wie *Unger* es poetisch ausdrückte —
„den reichen Strom deutscher Wissenschaft auf die brachliegen-
den Fluren der österreichischen Jurisprudenz zu leiten"[9]. Ein-
drucksvoll spiegelt sich die Wiedereingliederung der österreichischen Privatrechtswissenschaft in die deutsche Gemeinrechts-
wissenschaft im Anmerkungsapparat der Arbeiten *Ungers* und
seiner Schüler wider, die nun mit Begeisterung darangingen,
den ganzen Reichtum des gemeinrechtlichen Schrifttums, dessen
grüne Weide der älteren österreichischen Zivilistik durch dicke
Nebel verhüllt war[10], auszuschöpfen und für das österreichische
Recht nutzbar zu machen. Tatsächlich erlebte die österreichische
Privatrechtswissenschaft in dieser dritten Periode eine noch nicht
dagewesene Blüte. Zum ersten Male überhaupt fand das österreichische Recht im großen, leider unvollendeten System *Ungers*
aus den Jahren 1856 ff. eine systematische Darstellung[11], deren
Schwergewicht — wie könnte es auch anders sein! — beim allgemeinen Teil, dem Lieblingskind der Pandektenwissenschaft,
liegt. Es ist übrigens auch in Deutschland als eines der schönsten
Pandektensysteme bezeichnet worden. Auch sonst stand die
österreichische Literatur — man denke etwa an *Exner, Randa,*

---

[8] *Unger*, Vorrede zum „System" (wie unten Anm. 11), S. V.

[9] *Unger*, ebenda, S. V.

[10] *A. Exner*, Die Lehre vom Rechtserwerb durch Tradition nach öster-
reichischem und gemeinem Recht, Wien 1867, S. IV.

[11] Band I, Leipzig 1856; Band II in zwei Lieferungen, Leipzig 1857 und
1859; Band VI (Erbrecht), Leipzig 1864. Das unvollendet gebliebene Werk
hat mehrere (unveränderte) Auflagen erlebt: Band I und II, 5. Aufl., Leipzig 1892; Band VI, 4. Aufl., Leipzig 1894.

Hasenöhrl, Hofmann, Pfaff und andere — der gemeindeutschen kaum nach, und nicht zu Unrecht stellte *E. Landsberg* in seiner „Geschichte der deutschen Rechtswissenschaft"[12] die österreichische Schule unter *Unger* bedenkenlos der preußischen Zivilistik unter *Förster* und *Dernburg* zur Seite. Diese Autoren hatten das preußische Landesprivatrecht, das von der historischen Schule ursprünglich nur sehr stiefmütterlich behandelt worden war, auf die Höhe der zeitgenössischen Rechtswissenschaft emporgeführt — aber es war nicht mehr der alte Geist des Landrechts, sondern der Geist der Pandektistik, der in ihren Werken waltete.

Wie das preußische Landrecht und andere Landesprivatrechte so wurde nun auch das ABGB unter der Herrschaft der neuen Schule ganz im Geiste der Pandektenwissenschaft *aus*- und nötigenfalls auch *um*gedeutet. In Übereinstimmung mit deren Lehren wandte sich die österreichische Zivilistik mit voller Kraft der Dogmengeschichte zu, wobei sie sich von der — vom Standpunkt der Pandektenwissenschaft aus verständlichen, aber nichtsdestoweniger irrigen — Überzeugung leiten ließ, daß der Nährboden des ABGB im Zweifel stets und nur das römische Recht gewesen sei. Für die Auslegung des Gesetzeswortlauts oder bei Ausfüllung von Lücken des Gesetzbuchs müsse daher, so lehrte man, das römische Recht als grundsätzlich in das Gesetzbuch aufgenommen gelten. Von dieser Einstellung aus war es nur ein Schritt zu der Annahme, daß das ABGB sich eigentlich die ganze damalige gemeinrechtliche Lehre habe aneignen wollen, daß dies aber nur in wenigen, oft nicht ganz zutreffenden Sätzen geschehen sei, daß daher unleugbare Abweichungen des Gesetzes von der römisch-rechtlichen Norm als eine Entgleisung des Gesetzgebers zu werten seien und daß schließlich jede noch so gekünstelte Auslegung erlaubt und genügend sei, um dieses Mißverständnis zu beseitigen und die Reinheit der Lehre wieder herzustellen. Daß sie mit dieser Erklärung des Kodifikationsgeschehens in einen offenbaren Gegensatz zu den Intentionen des naturrechtlichen Gesetzgebers trat, störte die historische Schule in keiner Weise, und sie zögerte nicht, § 7 ABGB, der den Richter zur Ausfüllung von Gesetzeslücken

---

[12] Band III/2, München und Berlin 1910 (unveränderter Nachdruck Aalen 1957), S. 917 ff.; Notenband III/2, S. 383 ff.

dem einen wie an dem anderen hatte es der vormärzlichen Jurisprudenz gefehlt, und es ist das bleibende Verdienst *Ungers* und
seiner Schüler, daß sie — jener mit großartiger Souveränität,
diese zumindest mit perfekter juristischer Technik — die von
der Pandektistik meisterlich gehandhabte System- und Begriffs-
bildung in die österreichische Jurisprudenz einführten. Nur dadurch war es dieser in ihrer „historischen" Epoche möglich, sich
zum erstenmal seit der Kodifikation über die bloße Gesetzesexegese zu erheben und das gesamte bürgerliche Recht zu einer
systematischen Einheit zusammenzufügen. Diese Befreiung aus
der Zwangsjacke der Gesetzesexegese war gleichzeitig die unab-
dingbare Voraussetzung für die erfolgreiche Lösung der von den
Pandektisten freudig — in mancher Hinsicht vielleicht allzu
freudig — übernommenen Aufgabe: das Gesetz einer wissenschaftlichen Kritik zu unterziehen und der Praxis (und zwar der
Gesetzgebung wie der Rechtssprechung) dadurch den Weg in
eine „bessere", weil von der Rechtswissenschaft gestaltete, juri-
stische Zukunft zu weisen.

Dabei lag freilich auch die Gefahr nahe, daß das Pendel der
wissenschaftlichen Entwicklung zu stark nach der anderen Seite
ausschlug: vom Buchstabendienst der Exegetiker auf der einen
zu einer Entfremdung *vom* Gesetz (nicht nur Erhebung *über*
das Gesetz) bei den Pandektisten auf der anderen Seite. Tatsächlich kann man der österreichischen historischen Schule den
Vorwurf nicht ersparen, daß sie mit ihrer stark romanistisch
orientierten, der Begriffs- und Konstruktionsjurisprudenz höri-
gen (und deshalb oft zu lebensfremden Ergebnissen führenden)
methodischen Grundhaltung sich nicht selten leichten Gewissens
über das geltende Recht hinwegsetzte und sich nur allzu bereitwillig theoretischen Spekulationen und frucht- und endlosen gemeinrechtlichen Kontroversen überließ. Dies und der unbedingte, dazu noch herrisch vorgetragene Geltungsanspruch, mit
dem sie auftrat, hatten zur Folge, daß die Praxis von den neuen
Lehren, wenn überhaupt, dann nur mit erheblicher Skepsis
Notiz nahm, so daß sich vor allem in der Blütezeit der Pandektistik eine tiefe Kluft zwischen Lehre und Praxis auftat. Das
erklärt sich schon daraus, daß die höheren Richter, die durch-
wegs noch nach dem alten Studiensystem studiert hatten, meist
nicht in der Lage und auch gar nicht willens waren, dem Sturm
und Drang der Pandektenwissenschaft zu folgen. Aber auch

später, als schon im Geiste der neuen Studienordnung erzogene
Juristen in die Richterämter nachrückten, dürfte die Rechtssprechung die neuen Lehren und Ergebnisse nur sehr behutsam
und unter steter Bedachtnahme auf ihre praktische Brauch-
barkeit in die Judikatur eingeschleust haben. Mit dieser Zu-
rückhaltung hat die Praxis überdies eine Entwicklung vorweg-
genommen, die bald darauf auch die Lehre erfaßte.

IV. Die Rückkehr zum Gesetz

Etwa eine Generation nachdem *Unger* den österreichischen
Ableger der Pandektenwissenschaft aus der Taufe gehoben
hatte, machte sich auch in der Lehre ganz deutlich eine Skepsis
gegenüber dem übersteigerten Geltungsanspruch und der Selbst-
gerechtigkeit der historischen Methode, wie sie von der Pandektenwissenschaft verstanden wurde, bemerkbar. Der tiefere An-
laß für diesen Meinungsumschwung, der die österreichische
Rechtswissenschaft in eine neue, nach unserer Zählung *in ihre
vierte Epoche* führte, war die um die Mitte der siebziger Jahre
mit Macht einsetzende Beschäftigung mit der Kodifikationsgeschichte des 18. Jahrhunderts, die das Gesetzbuch plötzlich in
einem ganz anderen Lichte erscheinen ließ. Die wissenschaftliche
Auswertung der bis dahin unzugänglich gewesenen Gesetzesma-
terialien zertrümmerte die These von der „Rezeption des gemeinen Rechts in complexu" in das ABGB. Sie führte zu der
uns heute längst geläufigen Erkenntnis, daß die Baumeister des
ABGB nicht nur das römisch-gemeine Recht, sondern den ge-
samten Rechtsstoff ihrer Zeit, wie er ihnen aus dem gemeinen
Recht, dem Naturrecht, aber auch aus dem kanonischen Recht
und einer Fülle einheimischer, also „deutschrechtlicher" Statuten
entgegengeflossen war, gesichtet und gesammelt und zu einer
Kodifikation durchaus eigenständiger Prägung zusammengefaßt
hatten. Bei richtiger Würdigung dieser Tatsache konnten auch
die Abweichungen des Gesetzbuches vom gemeinen Recht nicht
mehr als „Mißverständnisse" oder als „Irrtümer" gedeutet werden; sie erschienen vielmehr als die reife Frucht sorgfältiger
rechtspolitischer Erwägungen des aufgeklärten Gesetzgebers und
seiner Berater. Nun mußten auch die verschworenen Anhänger
der historischen Schule zur Einsicht gelangen, daß das romani-

stische Korsett, in welches sie das ABGB gezwängt hatten, dem Gesetzbuch nicht paßte und auch nicht passen konnte. Und nun erscholl allenthalben in der österreichischen Rechtswissenschaft der Ruf nach Befreiung von den Fesseln der romanistischen Schuldoktrin und nach „Emanzipation aus dem Vaterhaus pandektistischer Gelehrsamkeit"[17]. Die neue, nicht zuletzt von *Unger* selbst ausgegebene Losung für die österreichische Zivilrechtswissenschaft lautete daher: Rückkehr zum Gesetz, Rückkehr zum ABGB.

Daß diese Rückkehr zum Gesetz nicht als Rückfall in die wissenschaftliche Öde der im Vormärz üblichen Behandlungsweise verstanden werden konnte, war nach dem Höhenflug, den die österreichische Rechtswissenschaft seit der Mitte des Jahrhunderts erfahren hatte, selbstverständlich. Die mittlerweile selbstmündig gewordene Zivilistik beschritt vielmehr einen anderen Weg. Er führte sie zwischen der Scylla der gewaltsamen Romanisierung und Pandektisierung auf der einen und der Charybdis der platten Textexegese auf der anderen Seite zu einer echt historischen Methode, die das Gesetz aus den Bedingungen seiner Entstehungszeit heraus verständlich zu machen suchte. Nach einer kurzen Übergangszeit, in der die Bedeutung der Materialien etwas überschätzt wurde, trat nun die Lehre dem positiven Gesetzesinhalt vertrauensvoll gegenüber und schöpfte aus dem Gesetze alles heraus, was es an sozialen, ethischen und wirtschaftlichen Motiven in die Entwicklung des bürgerlichen Rechts mitgebracht hatte. Im Lichte dieser — vielleicht als gemäßigt teleologisch zu bezeichnenden — Betrachtungsweise kam auch das ABGB wieder zu Ehren, denn es stellte sich heraus, daß es in Wirklichkeit viel fortschrittlicher war, als man in der Hochblüte der Pandektenwissenschaft hatte wahrhaben wollen; und überrascht mußte man zur Kenntnis nehmen, daß sich mit Hilfe einer „echten" historischen Methode dem betagten Gesetzbuch auch viele moderne Lösungen abgewinnen ließen, zu denen sich die Pandektenwissenschaft nicht oder nur sehr zögernd hatte durchringen können. So kam es, nachdem auch *Unger* seinen Frieden mit dem ABGB gemacht hatte, auf halbem Wege zu einer Versöhnung zwischen Gesetz und Lehre.

---

[17] *J. Schey*, Über den redlichen und unredlichen Besitzer, Festschrift zum 70. Geburtstag Josef Ungers, Wien 1898, S. 417 f.

Trotzdem war natürlich nicht zu übersehen, daß das ABGB in seinem rund hundertjährigen Leben ziemlich überholungsbedürftig geworden war. So stand denn auch das Jahr 1911 ganz unter dem Motto „Jahrhundertfeier und Revision". *Unger* selbst hatte noch kurz vor seinem Tode, hochbetagt, der Reform den Weg gewiesen[18]: nicht völlige Umgestaltung, sondern Reformen im einzelnen, mosaikartige Korrekturen, sollten das Gesetzbuch auf die Höhe der Zeit bringen. Daß man bei der in den Kriegsjahren 1914—1916 vorgenommenen, im ganzen recht geglückten Novellierung beonders auf das kurz vorher in Kraft getretene deutsche BGB blickte, war selbstverständlich.

V. Schlußbemerkung

Trotz dieser Bluttransfusion vom BGB in das ABGB brachte der Beginn des 20. Jahrhunderts das Ende der Wissenschaft vom gemeinen Recht. An ihre Stelle trat die Dogmatik der drei großen der deutschen Rechtsfamilie angehörenden Gesetzbücher: des deutschen BGB, in dem die Begriffswelt der Pandektistik Gesetz geworden war; des schweizerischen ZGB, das stärker als die deutsche Kodifikation von der — ebenfalls pandektistischen — Wissenschaft des deutschen Privatrechts geprägt war; und schließlich des ABGB, dem die Altweibermühle der Novellierung einen neuen Geist eingehaucht hatte. Es ist eine verständliche Folge dieser Gesetzgebungsakte, daß seither in jedem dieser Länder die dogmatische Beschäftigung mit dem eigenen Gesetzbuch in Wissenschaft und Lehre im Vordergrund steht. Trotzdem ist es nach dieser zweiten Kodifikationswelle nicht wie zu Beginn des 19. Jahrhunderts zu einem Zerfall der Zivilrechtswissenschaft in eine eigenständige deutsche, eine eigenständige schweizerische und eine eigenständige österreichische Zivilrechtswissenschaft gekommen. Es blieb — glücklicherweise — eine geistige Verbundenheit der deutschsprachigen Jurisprudenz bestehen, die sich in gegenseitiger Berücksichtigung der Literatur, in vielen gemeinschaftlichen wissenschaftlichen Unternehmungen und nicht zuletzt im ständigen Austausch akademischer Kräfte und Gastvortragender äußert.

---

[18] U. a. in seiner Schrift: Zur Revision des allgemeinen bürgerlichen Gesetzbuches, Grünhuts Zeitschrift XXXI, Wien 1904, S. 389 ff.

Daß diese Verbundenheit eine lange, nur einmal durch einen exegetischen Seitensprung der österreichischen Jurisprudenz unterbrochene Tradition hat, hoffe ich, in meinem Vortrag gezeigt zu haben; daß sie auch in Zukunft bestehen bleibe, dazu möge dieser Vortrag einen kleinen Beitrag leisten!

LITERATURÜBERSICHT

Der vorliegende Aufsatz schließt sich — von einigen Ergänzungen und stilistischen Änderungen abgesehen — eng an die mündlich vorgetragenen Gedanken an. Im Hinblick auf den Vortragscharakter dieser kleinen Studie habe ich davon abgesehen, alle Einzelheiten mit Literaturangaben zu belegen. Als Ersatz für einen ausführlichen Anmerkungsapparat soll die folgende kurze Literaturübersicht dienen, die es auch dem mit den spezifisch österreichischen Verhältnissen nicht vertrauten Leser unschwer ermöglicht, ihn interessierende Fragen weiter zu verfolgen.

I. Zum Thema im allgemeinen

Keine Arbeit, die sich mit einem Thema aus der *Geschichte der Privatrechtswissenschaft* beschäftigt, kann an dem Werk von *F. Wieacker*, Privatrechtsgeschichte der Neuzeit, 2. Aufl., Göttingen 1967, vorübergehen, dem ich vor allem in der Charakterisierung der Naturrechtsepoche und der Pandektenwissenschaft gefolgt bin. Grundlegend auch *P. Koschaker*, Europa und das römische Recht, jetzt in 4. (unveränderter) Aufl., München und Berlin 1966. Wertvoll auch die zahlreichen Schriften zur Geschichte einzelner Juristenfakultäten und Universitäten wie etwa die Arbeiten von *E. Döhring*, Geschichte der juristischen Fakultät 1665—1965, Geschichte der Christian-Albrechts-Universität Kiel 1665—1965, III/1, Neumünster 1965; oder von *W. Ebel*, Zur Geschichte der Juristenfakultät und des Rechtsstudiums an der Georgia-Augusta, Göttinger Universitätsreden, Heft 29, Göttingen 1960.

Für die *Entwicklung in den habsburgischen Ländern* stützt sich diese Studie besonders auf die Arbeiten von *H. Lentze*,

und zwar vor allem auf sein großes Werk „Die Universitätsreform des Ministers Graf Leo *Thun-Hohenstein*", Sitzungs-
berichte der phil.-hist. Klasse der Österreichischen Akademie der
Wissenschaften 239/2, Wien 1962, das auf Seite 7 ff. reiche Hinweise vor allem auch auf die ältere Literatur enthält. Vom
selben Autor sind ferner zu nennen: Leo Graf *Thun-Hohenstein*, Neue Österreichische Biographie ab 1815, Große Österrei-
cher, Band XV, Wien 1963, S. 74 ff.; Graf Thun und die vor-
aussetzungslose Wissenschaft, Festschrift für Karl Eder zum
70. Geburtstag, Innsbruck 1959, S. 197 ff.; Andreas Freiherr
von Baumgartner und die *Thun*sche Studienreform, Anzeiger
der phil.-hist. Klasse der Österreichischen Akademie der Wissenschaften 11, Wien 1959, S. 161 ff.; Die germanistischen Fächer
an der juridischen Fakultät der Universität Wien, Studien zur
Geschichte der Universität Wien, Bd. II, Graz-Köln 1965,
S. 61 ff.; Die österreichische Rechtswissenschaft vor dem Jahr
1848, dzt. im Druck; die Eingliederung der österreichischen
Zivilrechtswissenschaft in die deutsche Pandektenwissenschaft,
dzt. im Druck.

So wertvoll diese Arbeiten sind, so konzentrieren sie sich
doch hauptsächlich nur auf die Ereignisse, die um die Mitte
des vorigen Jahrhunderts zu einer tiefgreifenden Umgestaltung
des österreichischen Unterrichtssystems führten; auch liegt ihr
Schwergewicht mehr auf der Erforschung der geistesgeschicht-
lichen sowie der allgemein- und personalpolitischen Zusammenhänge als auf dogmen- und methodengeschichtlichen Fragen.
Der *Entwicklungsgang der österreichischen Privatrechtswissenschaft* im allgemeinen und besonders im 19. Jahrhundert hat
dagegen bisher noch keine zusammenfassende monographische
Darstellung erfahren. Lediglich einen sehr oberflächlichen Überblick gibt *J. Schey* in der Einleitung zu *Klang*'s Kommentar
zum ABGB I/1, 1. Aufl., Wien 1933, S. 21 ff.; er folgt dabei
für die erste Hälfte des 19. Jahrhunderts dem berühmten Aufsatz von *J. Unger* „Über den Entwicklungsgang der österreichischen Civiljurisprudenz seit der Einführung des ABGB", zuerst
erschienen in *Schletter*s Jahrbüchern der deutschen Rechtswissenschaft und Gesetzgebung I, Heft 4, Erlangen 1855, S. 353 ff.,
dann wiederabgedruckt im Anhang zur 5. Aufl. von *Unger*s
System I (wie oben im Text Anm. 11), S. 635 ff., der aber, so
scharfsinnig er im einzelnen ist, in einer wissenschaftlichen

Kampfzeit geschrieben wurde und daher nicht immer ein aus-
gewogenes Urteil bietet.

Für *biographische Hinweise* siehe vor allem: Österreichisches
Biographisches Lexikon 1815—1950, Bd. I—III (bis Knoll),
Graz—Köln 1957—1965; C. *Wurzbach*, Biographisches Lexi-
kon des Kaiserthums Österreich I—LX, Wien 1856—1891.

II. Zu den einzelnen Abschnitten

1. Von den Anfängen unter Maria Theresia bis zum ABGB:
Ein Überblick über die theresianischen Staatsreformen bei
E. *Hellbling*, Österreichische Verfassungs- und Verwaltungsge-
schichte, Wien 1956, S. 287 ff.; F. *Walter*, Die Theresianische
Staatsreform von 1749, Wien 1958; die theresianische Reform
des Rechtsunterrichts behandelt ausführlich *Lentze*, Universitätsreform (wie oben I), besonders S. 45 ff.

Die Kodifikationsgeschichte des ABGB ist am ausführlichsten
dargestellt bei L. *Pfaff* und F. *Hofmann*, Commentar zum
österreichischen allgemeinen bürgerlichen Gesetzbuche I/1, Wien
1877, S. 1 ff.; eine kurze Zusammenstellung bei *Wieacker*, Privatrechtsgeschichte (wie oben I), S. 335 ff.; *Schey*, in Klangs
Kommentar (wie oben I), S. 7 ff.

Über *Wesen und Bedeutung des Josefinismus* siehe vor allem
E. *Winter*, Der Josephinismus und seine Geschichte, Prager Studien und Dokumente zur Geistes- und Gesinnungsgeschichte
Ostmitteleuropas I, Brünn-München-Wien 1943; ferner F. *Val-
javec*, Der Josephinismus, 2. Aufl., Wien 1945.

2. Die exegetische Schule: Anders als die französische école
de l'exégèse, die durch J. *Bonnecase* (L'école de l'exégèse
en droit civil, Bibliothèque de l'histoire du droit et des
institutions XIX, 2. Aufl., Paris 1924), E. *Gaudemet* (L'inter-
prétation du Code Civil en France depuis 1804, Basler Studien
zur Rechtswissenschaft, Heft 8, Bale-Paris 1935) und G. *Wild*
(Leopold August Warnkönig, o. O., 1961) ausführlich gewürdigt
wurde, fehlt bisher eine moderne Darstellung der österreichischen exegetischen Schule. Das hat zur Folge, daß die Arbeiten
jener Zeit auch heute noch nur nach den Maßstäben beurteilt
werden, welche die historische Schule einst aufstellte. Ansätze
für eine Neueinschätzung der österreichischen Exegetiker im

Vormärz finden sich bei *H. Lentze*, Universitätsreform (wie oben I), S. 72.

Die *vormärzliche Literatur*, die zum überwiegenden Teil aus kurzen Zeitschriftenaufsätzen besteht, ist zusammengestellt in einer sehr sorgfältig gearbeiteten Bibliographie: *M. Stubenrauch*, Bibliotheca juridica austriaca. Verzeichniß der von den ältesten Zeiten bis zum Schlusse des Jahres 1846 in Österreich (außer Ungarn und Siebenbürgen) erschienenen Druckschriften und der in den österreichischen juridischen Zeitschriften enthaltenen Aufsätze aus allen Theilen der Rechtsgelehrsamkeit, Wien 1847.

3. *Die historische Schule:* Zur Charakterisierung der *historischen* Schule und der *Pandektenwissenschaft* im allgemeinen *F. Wieacker*, Privatrechtsgeschichte (wie oben I), besonders S. 348 ff., 430 ff. Über ihre Ausstrahlung nach dem Ausland ebenda S. 443 f. und *A. B. Schwarz*, Einflüsse deutscher Zivilistik im Ausland, Symbolae Friburgenses in honorem Otto *Lenel*, o. J., S. 425 ff. (= Rechtsgeschichte und Gegenwart, gesammelte Schriften von *A. B. Schwarz*, Karlsruhe 1960, S. 26—72).

Über die *Thunsche Reform* und den österreichischen Zweig der historischen Schule ausführlich und grundlegend *Lentze*, Universitätsreform (wie oben I) und die anderen unter I angeführten Schriften.

Über *Leben und Werk Ungers* zuletzt ebenfalls *Lentze*, Josef Unger — Leben und Werk. Im Dienste des Rechtes in Kirche und Staat (Festschrift zum 70. Geburtstag von Franz Arnold), Wien 1963, S. 219 ff. Die älteren Lebensbilder Ungers von *E. Landsberg*, Geschichte der deutschen Rechtswissenschaft III/2, München und Berlin 1910 (unveränderter Nachdruck Aalen 1957), S. 917 ff., Notenband III/2, S. 383 ff.; *F. Frankfurter*, Josef Unger — Das Elternhaus — Die Jugendjahre 1828—1857, Wien und Leipzig 1917; und *H. Sinzheimer*, Jüdische Klassiker der deutschen Rechtswissenschaft, Amsterdam 1938, S. 105 ff., haben durch die Forschungen *Lentzes* in manchen Zügen eine Korrektur erfahren.

Eine ausführliche *Würdigung dieser Epoche* mit detaillierten Nachweisen und bibliographischen und biographischen Hinweisen wird in Kürze erscheinen: *W. Ogris*, Die historische Schule der österreichischen Zivilistik, Festschrift für Hans Lentze zum 60. Geburtstag, voraussichtlich Innsbruck 1969.

4. *Die Rückkehr zum Gesetz:* Die *Wandlung der histo-*

rischen Schule im letzten Viertel des vorigen Jahrhunderts, die etwa mit dem Erscheinen des *Pfaff-Hofmannschen* Kommentars zum ABGB (wie oben II/1) anzusetzen ist, bedarf noch einer ausführlichen Untersuchung. Vgl. zu dieser Entwicklung außer dem demnächst erscheinenden Aufsatz von mir (oben 3. am Ende) auch *Schey*, Über den redlichen und unredlichen Besitzer, Festschrift zum 70. Geburtstag Joseph Ungers, Wien 1898, S. 417 f.; *derselbe* in Klangs Kommentar (wie oben I), S. 22.

Schriftenreihe der Juristischen Gesellschaft e. V. Berlin

Alle Hefte der Reihe erscheinen im Format Oktav. Mitglieder der Gesellschaft erhalten eine Ermäßigung von 30 %

Walter de Gruyter & Co · Berlin 30